सतर्कता

किसी भी अपराध या अपराधियों से
बचने का 75 जानकारियाँ

कृष्ण कुमार सिंह

ISBN 979-888546158-0

देश सेवा के प्रति मेरा उत्तरदायित्व

भारत के सारे स्कूल एवं कॉलेज के सभी बच्चों को समर्पित|

कृष्ण कुमार सिंह

इंस्पेक्टर - उत्तर प्रदेश पुलिस

क्रम-सूची

आमुख

इन्टरनेट या सोशल मीडिया की दुनिया आज इतना विराट रूप ले चुकी है की बिना इसके अब जीवन जीना मुश्किल ही है | जीवन के हर क्षेत्र अब इन्टरनेट से जुड़ गए हैं और इन्टरनेट एवं सोशल मीडिया से जुड़े रहना अब मजबूरी सी हो गयी है या कहें की जीवन का एक भाग बन गया है | मगर इन्टरनेट एवं सोशल मीडिया का उपयोग करते वक्त कुछ नकारात्मक तत्व के हम शिकार भी हो जाते हैं और जाने अनजाने में हमें कई तरह के दुविधाओं का सामना करना पड़ जाता है|

आईये ऐसे कुछ नकारात्मक तत्वों के बारे में आपको इस पुस्तक के द्वारा अवगत कराते हैं और जीवन में कुछ अच्छी आदतों को भी डालते हैं ताकि अपना जीवन अपराध मुक्त रहें, ना हमें कोई किसी भी तरह की नुक्सान पहुंचाए और एक आदर्श एवं सम्माननीय नागरिक बनके जिएं|

कृष्ण कुमार सिंह - इंस्पेक्टर - उत्तर प्रदेश पुलिस

लेखक के बारे में

कृष्ण कुमार सिंह उत्तर प्रदेश राज्य के मिर्ज़ापुर जिले से है| आपने 2005 में सब-इंस्पेक्टर पद पर उत्तर प्रदेश पुलिस ज्वाइन किया और रायबरेली, मऊ, जी॰आर॰पी॰ प्रयागराज अनुभाग, गाजीपुर, जौनपुर अदि जिलों में कार्य किये| 2018 को इंस्पेक्टर के पदोन्नति के बाद उत्तर प्रदेश के कई जिलों में बतौर धनाध्यक्ष अपना सेवा उत्तरदायित्व के साथ निभाते आ रहे हैं|

अपने कार्यकाल के दौरान कृष्ण कुमार सिंह ने यह महसूस किया है कि आमजन को कई चीओं के बारें में जागरूक करने की ज़रूरत है और इसी कारण बहुत लोग अपराधिक मामलों में गलती से फंस जाते हैं| आजकल सबसे ज्यादा अपराधिक मामले साइबर से सम्बंधित आ रहे हैं जिसमें छोटे बच्चे से लेकर बड़े तक निरंतर किसी न किसी के चाल में फंसते नज़र आ रहे हैं|

किसी के चाल में ना फंसे और गलती से खुद किसी अपराधिक मामले में न फंसे इसका एक ही उपाय है "सतर्कता"| लोगों को, खास तौर पर स्कूल के बच्चों को जागरूक करने केलिए एक पुस्तक लिखने की इच्छा कई साल से कृष्ण कुमार सिंह के मन में चल रहा था जिसको स्वतंत्रता के 75वां साल यानी "आज़ादी के अमृत महोत्सव" के अवसर पर 75 जानकारियां सांझा करते हुए इस पुस्तक को तैयार किया गया जिसको कृष्ण कुमार सिंह द्वारा 750 बच्चों को एक ही दिन में निशुल्क बाँट भी दिए|

उत्तर प्रदेश पुलिस में अपना सेवा देते हुए एक सच्चे देश भक्त होने का उत्तर दायित्व्य का निर्वाहन करते हुए "आज़ादी के अमृत महोत्सव" के अवसर पर 75 जानकारियां वाली ऐसी पुस्तक लिखना और उसको एक ही दिन में 750 बच्चों को कृष्ण कुमार सिंह द्वारा बांटना ऐसा नेक काम पहली बार किसी पुलिस इस्पेक्टर के द्वारा किया गया जिसकी वजह से कृष्ण कुमार सिंह का नाम "इंडियन बुक ऑफ़ रिकाइर्स" में दर्ज भी किया गया|

इस कार्य को पूर्ण करने में जौनपुर के वर्तमान एस॰पी॰ श्री. अजय कुमार साहनी का भी मार्गदर्शन एवं सहयोग रहा|

विषय सूची

1

इन्टरनेट एवं सोशल मीडिया

1. फेक आईडी बनाकर ठगना

आजकल फेसबुक, व्हाट्सएप्प आदि अकाउंट को हैक करके मैसेंजर या व्हाट्सएप्प से दोस्तों से पैसे मांगने वाला क्राइम धड़ल्ले से चल रहा है| बहुत सारे लोग गलती से अपने किसी दोस्त को पैसे से मदद कर रहे हैं सोच कर पैसे ट्रान्सफर भी कर देते हैं | बाद में पता चलता है की ये किसी हैकर का काम था और जो पैसे हमने ट्रान्सफर किये वो अपने किसी दोस्त को नहीं बल्कि किसी साइबर ठगों के हाथों में चला गया| कभी कभी बैंक का कोई कर्मचारी बनके OTP आदि शेयर करके या अपने ATM की जानकारी लेके या गूगल-पे, फ़ोन-पे आदि से भी पैसे ऐंठ जाते हैं| इसलिए अत्यंत सतर्कता की ज़रुरत है |

2. ऑनलाइन में अपरिचित लोगों से दोस्ती न करें

सोशल मीडिया पर कभी कभी हमलोग अपरिचत लोगों से भी दोस्ती कर लेते हैं और बातचीत भी शुरू करते हैं| बात चीत के दौरान हम लोग

अपने कई व्यक्तिगत बातें सामने वाले के साथ साझा कर देते हैं और बाद में वह व्यक्ति हमारी व्यक्तिगत जानकारी का दुरुपयोग कर के हमें नुकसान पहुंचाने की कोशिश करते हैं| कई लोग ऐसे अनजानों से दोस्ती करके कई मुश्किल में पड़ चुके हैं| इसीलिए जब भी किसी अनजान या अपरिचत व्यक्ति से दोस्ती या बातचीत शुरू हो, सतर्क रहे ताकी हमारी दोस्ती का फायदा उठाकर हमें कोई नुक्सान न पहुंचा सकें|

3. मजबूत पासवर्ड

आजकल सबकुछ ऑनलाइन है और ऑनलाइन में मोबाइल, ईमेल या बैंकिंग लेन-देन से लेकर हर किसी में हमारी गोपनीय चीज़ों का जो ताला होता है उसे हम पासवर्ड कहते हैं| ताला जितना मजबूत रहता है उतनी ही हमारी चीजें भी सुरक्षित रहती हैं| इसलिए ऑनलाइन में कभी भी बहुत आसानी से पहचानने वाला पासवर्ड न डालें| अंग्रेजी के छोटे एवं बड़े अक्षर, कुछ प्रतीक आदि का इस्तमाल करके एक मजबूत पासवर्ड का प्रयोग करें जो सिर्फ आपको ही पता हो और किसी को भी आपके पासवर्ड की जानकारी न हो |

4. ऑनलाइन लिंक को क्लिक एवं डाउनलोड करते समय सजग रहें

अक्सर किसी त्यौहार या किसी विशेष अवसर पर सोशल मीडिया में प्रलोभन युक्त या आपको शुभकामनायें भेजने के बहाने कुछ ऐसे लिंक्स आते हैं जिसे हम क्लीक करते हैं या कभी कभी कुछ डाउनलोड भी करते हैं| मगर हम उस लिंक्स के पीछे छुपे नुकसान के बारे में हम अनजान रहते हैं | वो लिंक्स क्लिक करते समय हमारे मोबाइल का पूरा डाटा चोरी हो सकता है और बाद में उसका दुरुपयोग करके हमें ही नुकसान पहुंचाया जा सकता है| इसलिए जल्दी किसी प्रलोभन में न फसें| कभी कभी ऐसे लिंक्स क्लिक करते समय हमारे मोबाइल में खतरनाक वायरस भी डाउनलोड हो सकते हैं जो धीरे धीरे हमारे मोबाइल को ख़राब कर सकते हैं |

5.   कभी भी व्यक्तिगत जानकारी साझा न करें

इंटरनेट पर साझा की गई आपकी व्यक्तिगत जानकारी का दुरुपयोग हो सकता है और इसका आपके जीवन पर व्यापक नकारात्मक प्रभाव पड़ेगा। इसलिए, कभी भी अपनी व्यक्तिगत जानकारी, फ़ोटो सहित किसी को भी साझा न करें।

6.   अपमानजनक या आपत्तिजनक संदेश

सोशल मीडिया में यदि आपको कोई अभद्र या अपमानजनक संदेश भेजता है तो वह एक गंभीर साइबर अपराध माना जाता है, जिसे "साइबर बुलिंग, साइबर शेमिंग" आदि नाम से जाना जाता है | यदि कोई आपको इस तरह के संदेश भेजता है तो ऐसे संदेश को अनदेखा ना करें, तुरन्त अपने माता-पिता या पुलिस को सूचित करें| साइबर क्राइम करने वालों को पकड़ने के लिए आजकल ज़बरदस्त तकनीक हमारे पुलिस सिस्टम में उपलब्ध है |

7.   ऑनलाइन बातचीत

आपको हमेशा सकारात्मक, विनम्र और स्वस्थ ऑनलाइन बातचीत में शामिल होना चाहिए। इस तरह का रवैया साइबर स्पेस को और भी यूजर फ्रेंडली बना देगा। आप जो बोलते हैं, टेक्स्ट करते हैं और भेजते हैं उसके बारे में बहुत सावधान रहें।

8.   असुरक्षित वेबसाइटों में न जाएँ

इन्टरनेट के उपयोग के दौरान हमलोग बहुत सारे वेबसाइट पर जाते हैं| मगर हर वेबसाइट सुरक्षित वेबसाइट तो नहीं होता| ऐसे असुरक्षित एवं आपत्तिजनक वेबसाईटों में जाने से हमारे मोबाइल, कंप्यूटर आदि के साथ साथ हमारे जीवन में भी कई नकारात्मक प्रभाव पड़ सकते हैं|

ध्यान दीजिये की हर वेबसाइट का एड्रेस HTTP:// से या HTTPS:// से शुरू होता है| सिर्फ HTTP:// वाला वेबसाइट असुरक्षित एवं HTTPS:// वाला वेबसाइट सुरक्षित माना जाता है|

आगे से जब भी कोई वेबसाइट पर आप जाएँ तो इस चीज़ की जानकारी रहने से ऑनलाइन से होने वाले कई दुष्प्रभाव से आप बच सकते हैं|

9. यातायात नियम

सड़कों पर यात्रा करना अपरिहार्य है। लेकिन एक आरामदायक और सुरक्षित यात्रा के लिए हमें यातायात नियमों का पालन करना चाहिए| नियमों के उल्लंघन से दुर्घटनाएं होती हैं और यह एक अपराध भी है।

10. अज्ञात कॉल और संदेश

अजनबियों के कॉल या मैसेज का जवाब देना आपको कई मुसीबतों में डाल सकता है। इसलिए उन "अज्ञातों" से दूर रहना हमेशा बेहतर होता है। बस उन्हें अनदेखा करें और सुरक्षित रहें।

11. गाड़ी ड्राइव करते समय मोबाइल का इस्तेमाल न करें

ड्राइव करते समय फ़ोन में किसी से बात करने के कारण, हैडफ़ोन लगाकर गाना सुनने के कारण या किसी गंतव्य तक पहुँचने के लिए गूगल मैप का इस्तेमाल करने के कारण अक्सर ड्राइविंग से हमारा ध्यान भटक जाता है जिससे कभी भी कोई भी दुर्घटना हो सकती है|

ड्राइविंग करते समय ऐसा कोई कार्य न करें जिससे हमारा ध्यान भटके| बहुत ज़रूरी होने पर गाड़ी साईड में रोककर बात करें ताकि हम खुद को एवं दूसरों को किसी भी तरह की दुर्घटना होने से बचा सकें|

12. रैगिंग

स्कूल और कॉलेजों में रैगिंग करना एक गैर जमानती अपराध माना जाता है और यह आपको जेल में डाल देगा। आइए स्कूल-कॉलेजों में आने वाले नए विद्यार्थियों का दिल से स्वागत करें और भारत को रैगिंग मुक्त बनाएं।

13. भ्रष्टाचार

कभी भी रिश्वत न दें या न मांगें, दोनों गहन अपराध की श्रेणी में आते हैं। रिश्वतखोरी की घटना होने पर सम्बंधित अधिकारियों को सूचित करें। आइए भारत को भ्रष्टाचार मुक्त राष्ट्र बनाएं।

14. बाल श्रम

बाल श्रम एक दंडनीय अपराध है। बचपन शिक्षा ग्रहण करने के लिए होता है कमाने के लिए नहीं। बाल श्रम की किसी भी घटना की सूचना संबंधित अधिकारियों को दें। यह संदेश फैलाईए| आइए हम सब मिलकर बाल मजदूरी के खिलाफ लड़ाई लड़ें।

15. कन्या भ्रूण हत्या|

कन्या भ्रूण हत्या एक गंभीर अपराध है इसको प्रोत्साहन या बढ़ावा नहीं देना चाहिए। हर बच्चा ईश्वर की देन है। बालिकाओं की रक्षा करें। आइए कन्या भ्रूण हत्या के खिलाफ जागरूकता फैलाएं।

16. जानवरों के प्रति क्रूरता

जानवरों के प्रति क्रूरता अस्वीकार्य है और कानून के तहत एक दंडनीय अपराध है। वे भी इस धरती के निवासी हैं। पृथ्वी भी उनका घर है। उनके साथ प्रेममयी और दया का व्यवहार किया जाना चाहिए।

17.   पायरेसी

पायरेसी किसी अन्य व्यक्ति के काम की अनधिकृत नकल या वितरण है। यह एक चोरी है और इसे एक गंभीर अपराध माना जाता है। सॉफ़्टवेयर, संगीत या यहां तक कि फ़िल्मों सहित कॉपीराइट सामग्री को कभी भी डाउनलोड या कॉपी न करें। पायरेसी की गंभीरता को लेकर हमेशा सावधान रहें।

18.   ऑनलाइन शेमिंग

ऑनलाइन शेमिंग इंटरनेट और सोशल मीडिया का उपयोग करके किसी की सार्वजनिक रूप से आलोचना करने की क्रिया है जिससे पीड़ित को भावनात्मक दर्द होता है। शेमिंग जानबूझकर की जाती है। व्यक्तियों के बारे में संवेदनशील बातें कभी भी पोस्ट या साझा न करें। सतर्क रहें और ऑनलाइन शेमिंग के खिलाफ लड़ें।

19.   घरेलू हिंसा

घरेलू हिंसा, दुर्व्यवहार या पारिवारिक हिंसा एक व्यक्ति द्वारा दूसरे के विरुद्ध किया जाने वाला दुर्व्यवहार है। इसमें मौखिक के साथ-साथ शारीरिक प्रताड़ना भी शामिल है। ऐसे पीड़ितों की मदद करने और उनकी जान बचाने की कोशिश करें। कृपया महिलाओं और बच्चों के खिलाफ किसी भी प्रकार की हिंसा का मनोरंजन न करें।

20.   दिशा-निर्देश मांगना

सड़क पर चलते समय, दिशा-निर्देश मांगने वाले लोगों के बहुत करीब न आएं, खासकर यदि वे चौपहिया वाहनों पर हों। आपके अपहरण की संभावना बहुत अधिक है। सुरक्षित रहें और हमेशा सतर्क रहें।

21.   बाल विवाह

बाल विवाह एक औपचारिक या अनौपचारिक मिलन है जहां दोनों पक्षों की आयु 21 वर्ष से कम है। हर साल 12 मिलियन लड़कियों की शादी 18 साल की उम्र से पहले कर दी जाती है। आइए हम बाल विवाह के नाम से जानी जाने वाली इस सामाजिक बुराई के खिलाफ एकजुट हों।

22.   ऑनलाइन में फेक न्यूज़ को फैलाना

ऑनलाइन के माध्यम से कई लोग अक्सर फर्जी ख़बरों को फैला रहे होते हैं| हमलोग इन फर्जी खबरों की वास्तविकता को जांचे बिना ही अपने ग्रुप में शेयर भी करते हैं। सोशल मीडिया के ज़रिये हमें जो भी जानकारी मिले उसे शेयर करने से पहले उसका सत्यापन या पुष्टिकरण बहुत ज़रूरी है क्योंकि फर्जी यानी फेक जानकारियां फैलाना एक तरह का साइबर क्राइम में आता हैं| जाने अनजाने में हम किसी मुश्किल में पड़ सकते हैं|

23.   वेब हमले

इंटरनेट के उपयोग में वायरस के द्वारा वेब अटैक कंप्यूटर को प्रभावित करता है। ये वायरस इंटरनेट से कभी कभी अपने आप या कुछ गलत लिंक पे क्लिक करने पे डाउनलोड हो जता है और आपके सिस्टम को बड़े पैमाने पर अपरिवर्तनीय नुकसान पहुंचा सकते हैं।

24.   एस॰क्यू॰एल॰ इंजेक्शन (SQL Injection)

एस०क्यू०एल० इंजेक्शन एक प्रकार का साइबर अपराध है जो प्रभावी रूप से दुर्भावनापूर्ण कोड का उपयोग करता है और कंप्यूटर के बैक-एन्ड डेटाबेस में हेरफेर करके हैकर ऐसी जानकारी तक पहुँच जाता है जिसे सार्वजनिक नहीं किया जा सकता| इनमें ज्यादातर निजी और संवेदनशील डेटा शामिल हैं, जिनमें उपयोगकर्ताओं की सूची और ग्राहक विवरण शामिल हैं। एस०क्यू०एल० के दुरुपयोग से दीर्घकालिक एवं विनाशकारी प्रभाव हो सकते हैं जैसे तालिकाओं को हटाना, किसी भी उपयोगकर्ता सूची को अनधिकृत रूप से देखना और यहां तक कि प्रशासनिक डेटाबेस तक पहुंच जाना।

25. क्रॉस-साइट स्क्रिप्टिंग

क्रॉस-साइट एक अन्य प्रकार का इंजेक्शन उल्लंघन है जहां हमलावर उन वेबसाइटों से दुर्भावनापूर्ण स्क्रिप्ट भेजते हैं जिन्हें जिम्मेदार या प्रतिष्ठित माना जाता है। हमलावर विश्वसनीय वेबसाइटों और एप्लिकेशन में दुर्भावनापूर्ण कोड डालते हैं और जब कोई उपयोगकर्ता ऐसे संक्रमित वेब पेज पर जाता है तो उपयोगकर्ता के ब्राउज़र पर दुर्भावनापूर्ण जावास्क्रिप्ट कोड निष्पादित होता है। इस कोड का उपयोग उपयोगकर्ता नाम और पासवर्ड जैसी महत्वपूर्ण जानकारी चुराने के लिए किया जा सकता है।

26. ए०आई० पावर्ड अटैक्स (आर्टिफीसियल इंटेलिजेंस)

ए०आई० यानी आर्टिफीसियल इंटेलिजेंस द्वारा कंप्यूटर सिस्टम अब खुद को सीखने और सिखाने के लिए प्रोग्राम किए गए हैं और ये ए०आई० पावर्ड हमले एक नए प्रकार के साइबर अपराध को चिहिनत करते हैं जो समय के साथ और अधिक परिष्कृत होने के लिए बाध्य है। आर्टिफीसियल इंटेलिजेंस को मशीन लर्निंग के रूप में संदर्भित एल्गोरिथम प्रक्रियाओं की मदद से कई रोज़मर्रा के अनुप्रयोगों में नियोजित किया जाता है। इस सॉफ्टवेयर का उद्देश्य कंप्यूटरों को

विशिष्ट कार्यों को स्वयं करने के लिए प्रशिक्षित करना है। वे खुद को उन बाधाओं के बारे में सिखाकर भी इन कार्यों को पूरा कर सकते हैं जो संभावित रूप से उनकी प्रगति में बाधा बन सकती हैं।

आर्टिफीसियल इंटेलिजेंस स्वायत ड्रोन और वाहनों सहित कई प्रणालियों को हैक कर सकता है और उन्हें संभावित खतरनाक हथियारों में बदल सकता है। आर्टिफीसियल इंटेलिजेंस से संचालित अनुप्रयोगों का उपयोग पासवर्ड क्रैकिंग, पहचान की चोरी और स्वचालित, कुशल और मजबूत हमलों जैसे साइबर अपराधों को करने के लिए किया जा सकता है।

27. फ़िशिंग हमले

फ़िशिंग अटैक एक सोशल इंजीनियरिंग हमला है जिसका उपयोग लॉगिन क्रेडेंशियल या क्रेडिट कार्ड विवरण जैसे कीमती डेटा को चुराने के लिए किया जाता है क्योंकि हमलावर विश्वसनीय व्यक्ति होने का दिखावा करते हैं और पीड़ितों को दुर्भावनापूर्ण लिंक खोलने के लिए धोखा देते हैं।

28. स्पीयर फ़िशिंग हमले

इन हमलों का उद्देश्य उन व्यक्तियों द्वारा विशिष्ट संगठनों के डेटा को लक्षित करना है जो अनधिकृत पहुंच चाहते हैं। ये हैक किसी यादृच्छिक हमलावर द्वारा नहीं बल्कि उन व्यक्तियों द्वारा निष्पादित किए जाते हैं जो व्यापार रहस्य, सैन्य खुफिया इत्यादि जैसी विशिष्ट जानकारी तक पहुंचने का प्रयास कर रहे हैं।

29. ड्राइव-बाय अटैक

असुरक्षित वेबसाइटों के माध्यम से मैलवेयर फैलाने के लिए ड्राइव-बाय हमलों का उपयोग किया जाता है। हैकर्स पहले कम सुरक्षा मापदंडों

वाली वेबसाइटों की तलाश करते हैं और फिर किसी एक पेज पर PHP या HTTP कोड में दुर्भावनापूर्ण स्क्रिप्ट लगाते हैं। इसके बाद स्क्रिप्ट साइट पर आने वाले किसी भी व्यक्ति के कंप्यूटर पर सीधे मैलवेयर इंस्टॉल कर सकती है और अपने दुरुद्देश से हमें नुक्सान पहुंचा सकते हैं।

30.   पासवर्ड हमले

ये केवल आपराधिक इरादों की मदद से उपयोगकर्ता के पासवर्ड को डिक्रिप्ट करने या यहां तक कि प्राप्त करने का प्रयास करने के लिए हैं। ऐसे मामलों में हमलावर डिक्शनरी अटैक, पासवर्ड स्निफर या यहां तक कि क्रैकिंग प्रोग्राम का उपयोग कर सकते हैं। ये हमले किसी फ़ाइल में निर्यात या संग्रहीत पासवर्ड तक पहुँचने के द्वारा किए जाते हैं।

31.   व्हेल फ़िशिंग हमले

व्हेल फ़िशिंग अटैक एक प्रकार का फ़िशिंग है जो आम तौर पर उच्च कद वाले लोगों पर हमला करता है जैसे कि सी॰एफ॰ओ॰ या सी॰ई॰ओ॰। इसका मुख्य उद्देश्य सूचनाओं की चोरी करना है क्योंकि इन व्यक्तियों के पास आम तौर पर असीमित पहुंच होती है और वे संवेदनशील डेटा से जुड़े होते हैं।

32.   ट्रोजन हॉर्स

ट्रोजन हॉर्स एक प्रकार का दुर्भावनापूर्ण सॉफ़्टवेयर प्रोग्राम है जो हमें एक उपयोगी सॉफ्टवेर के तरह दीखते हैं मगर छुपकर वो एक वायरस के तरह अपना नकारात्मक काम करते रहते हैं। यह एक मानक एप्लिकेशन की तरह प्रतीत होता है लेकिन एक बार निष्पादित होने पर डेटा फ़ाइलों को नुकसान पहुंचाता है। इसलिए एप्प या सॉफ्टवेर डाउनलोड करते समय ध्यान दें।

33. हैकिंग और धोखाधड़ी

किसी भी मित्र के सोशल मीडिया अकाउंट को बिना अनुमति के लॉग इन करना तकनीकी रूप से एक गंभीर अपराध है। इसके अतिरिक्त, लोगों को बरगलाने के लिए नकली खाते या प्रतिरूपण खाते बनाना आदि धोखाधड़ी के रूप में दंडित किया जा सकता है।

34. ऑनलाइन धमकी एवं पीछा करना

सोशल मीडिया पर होने वाले सबसे अधिक रिपोर्ट किए गए और देखे जाने वाले अपराधों में लोगों को धमकाना, परेशान करना और ऑनलाइन दूसरों का पीछा करना शामिल है। हालांकि इस प्रकार की अधिकांश गतिविधियों को दंडित नहीं किया जाता है या गंभीरता से नहीं लिया जाता है| इस प्रकार के अपराधों के शिकार अक्सर यह नहीं जानते कि पुलिस को कब कॉल करना है। अगर आपको अपने बारे में ऑनलाइन किए गए बयान से खतरा महसूस होता है तो शायद पुलिस को कॉल करने पर विचार करना एक अच्छा विचार है। इसलिए सतर्क रहें

35. छुट्टी या अवकाश के अवसर जानकर डकैती

चोरों के बीच एक आम बात यह पता लगाने के लिए सोशल मीडिया का उपयोग करना है कि संभावित शिकार कब छुट्टी पर है। यदि आपके छुट्टी की जानकारी सार्वजनिक रूप से सोशल मीडिया में देखे जा सकते हैं तो चोर लोग आपके दूर होने का फायदा उठाकर घर में घुसकर चोरी कर सकते हैं| इसलिए छुट्टी या अवकाश की जानकारी सोशल मीडिया में सार्वजनिक ना करें|

36. अवैध चीजें ख़रीदना

व्यावसायिक संबंध बनाने या कानूनी सामान या सेवाएं खरीदने के लिए सोशल मीडिया से जुड़ना पूरी तरह से वैध हो सकता है। हालाँकि ड्रग्स या अन्य विनियमित, नियंत्रित या प्रतिबंधित उत्पादों को खरीदने के लिए सोशल मीडिया से जुड़ना संभवतः अवैध है।

37. फर्जी प्रोफाइल बनाना

किसी व्यक्ति की नकली प्रोफ़ाइल बनाना और नकली प्रोफ़ाइल पर मॉर्फ़ की गई तस्वीरों सहित आपत्तिजनक सामग्री पोस्ट करना जघन्य अपराधिक श्रेणी में आता है| इसलिए ऐसा कार्य कभी न करें|

38. नकली ऑनलाइन दोस्ती

सोशल मीडिया पर ऑनलाइन दोस्ती विकसित करना (बिना वास्तविक जीवन की जानकारी के) और भावनात्मक जुड़ाव का उपयोग करके आपको मेडिकल इमरजेंसी, कानूनी परेशानी, विदेश में समस्याएं जैसे बहाने से फंड ट्रांसफर करने के लिए मजबूर किया जता है|

39. प्रोफाइल हैकिंग

प्रोफ़ाइल हैकिंग तब होती है जब एक उपयोगकर्ता के रूप में आप अपने खाते में लॉग इन करने में सक्षम नहीं होते हैं। आपके खाते पर किसी का पूरा नियंत्रण है और उसने सभी क्रेडेंशियल बदल दिए हैं। फेसबुक सबसे ज्यादा हैक की जाने वाली सोशल नेटवर्किंग साइट है और यह आमतौर पर निम्नलिखित कारणों से होता है:

खाते से लॉग आउट नहीं करना,

पासवर्ड साझा करना या ऐसे पासवर्ड रखना जिनका आसानी से अनुमान लगाया जा सके,

उस ईमेल को हैक करना जिससे आप अपने फेसबुक अकाउंट में लॉग इन करते हैं,

ऐप्स के लिए फेसबुक विकल्पों के माध्यम से लॉग इन करना, अगर आपकी फेसबुक प्रोफाइल हैक हो जाए तो क्या होगा? आप लॉग ऑन कर सकते हैं: www.facebook.com/hacked और अपनी प्रोफ़ाइल पर वापस दावा करने के लिए प्रक्रिया का पालन करें।

40. फोटो मॉर्फिंग

फोटो मॉर्फिंग एक विशेष एडिटिंग प्रक्रिया है जो किसी व्यक्ति को बिना किसी कठिनाई के एक छवि या आकार को दूसरे में बदलने की अनुमति देता है। गूगल के अनुसार प्रतिदिन लगभग 3.2 बिलियन छवियां साझा की जाती हैं। एक हैकर के लिए आपकी छवियों का उपयोग करना, उसे मॉर्फ करना और फिर उसका उपयोग अश्लील साइटों या वित्तीय/यौन लाभ के लिए ब्लैकमेल करने के लिए करना आसान है।

आप किसी को मॉर्फ करने से नहीं रोक सकते। यदि आपकी छवियां सार्वजनिक रूप से उपलब्ध हैं तो लोग आसानी से उन तक पहुंच सकते हैं और उनका उपयोग मॉर्फ करने के लिए कर सकते हैं। हर लोकप्रिय पुरुष और महिला हस्ती के फोटो शायद फोटो-शॉप से मॉर्फ की जाती है और यौन कल्पनाओं को पूरा करने के लिए अधिकांश अश्लील साइटों द्वारा उपयोग की जाती है। आपको पता ही नहीं चलेगा कब, कौन आपकी तस्वीरों की चोरी करता है और उसका गलत उपयोग करता है।

41. ऑफर और शॉपिंग स्कैम

आपके सामने अक्सर ऐसे संदेश आते होंगे जिनमें लिखा होगा कि 'प्रस्ताव का दावा करने के लिए लिंक पर क्लिक करें' या 'जीतने के लिए पहिया घुमाएँ'। ये ऑफर आम तौर पर आपके द्वारा पंजीकृत होने के बाद कोड या कूपन प्राप्त करने के लिए संदेश को अन्य 20 लोगों को फॉरवर्ड करने के लिए कहेंगे। आपको कूपन नहीं मिलेंगे लेकिन मेज़बान को आपकी निजी जानकारी मिल जाएगी।

महिलाएं OLX पर इस घोटाले की गिरफ्त में आती हैं, जहां खरीदार अद्भुत ऑफर देने की कोशिश करते हैं। उदाहरण के लिए: 25,000 रुपये में iPhone X, कई लोग इस चाल में फंसते हैं और कई पत्नी लोग अपने पतियों को आश्चर्यचकित करने के लिए एडवांस ट्रांसफर करते हैं। लेकिन एक बार जब विक्रेताओं को अग्रिम मिल जाता है तो वे फरार हो जाते हैं। ये लोग तब तक सही मायने में संवाद करेंगे जब तक उन्हें आवश्यक धन नहीं मिल जाता।

42. रोमांस और डेटिंग घोटाले

कुछ ऐसे लोग हैं जो सोशल मीडिया पर आपसे जुड़ते हैं, आपसे बातचीत करते हैं और आपको विभिन्न बहाने के माध्यम से संवाद के एक अलग रूप में जाने के लिए राजी करते हैं। एक बार जब उन्हें पता चलता है कि आप उनके मोह में फसे हैं तो वे आपको प्रलोभन के तौर पर छोटे उपहार भेजेंगे| एक लक्ष्य के बाद रोमांटिक अवधि घटने लगेगी और वे रिचार्ज के रूप में मौद्रिक मदद मांगना शुरू कर देंगे, मिलने के लिए फ्लाइट टिकट बुक करवाएंगे| ऐसे चरम मामले भी हैं जहां एक लड़का लड़की से शादी करने का वादा करता है और शादी से पहले उसके सारे पैसे लेकर भाग जाता है। यह मूल रूप से एक चाल है जो धोखाधड़ी करने के इरादे से रोमांटिक बातों से शुरू होता है। बहुत से लोग ऑफ़लाइन घोटाले को ऑनलाइन करने की कोशिश करते हैं जहां वे अश्लील साइटों के लिए समझौता करने की स्थिति में लड़कियों के वीडियो रिकॉर्ड करते हैं।

43.सूचना की चोरी

सूचनात्मक चोरी तब होती है जब कोई धोखेबाज़ आधार, ड्राइविंग लाइसेंस नंबर जैसी व्यक्तिगत जानकारीयों की चोरी करता है ताकि वह उसका डुप्लीकेट बनाया जा सके| बहुत से लोग अपने ईमेल पर पासवर्ड

या बैंक विवरण संग्रहीत करते हैं। बहुत से लोग फेसबुक या इंस्टाग्राम मैसेंजर पर ऐसी जानकारियां सांझा करते हैं जो खतरनाक साबित हो सकता है।

व्यवसायी महिलाओं को विशेष रूप से सूचना चोरी का जोखिम होने की अधिक संभावना है।

44.   सलामी अटैक

अक्सर हमें बैंक से या किसी ऑनलाइन वॉलेट से ऐसे मेसेज आते है कि किसी अच्छे सेवा कार्य के लिए हमारे अकाउंट से पचास पैसे काट दिए जाते हैं। इतना छोटा अमाउंट होने के कारण अक्सर हमलोग उसपर ध्यान नहीं देते। मगर वह मेसेज सिर्फ हमें नहीं करीब 50 लाख या अधिक लोगों को गया होगा मतलब 50 लाख लोगों से पचास पैसे काटने का मतलब 25 लाख इकट्टा होना। हमारे लिए पचास पैसा था मगर काटने वाले के जेब में 25 लाख पहुँच गया। इस तरह के ठगों को सलामी अटैक कहते हैं।

2

COMMON THINGS

45. संतुलित आहार

हमेशा संतुलित आहार लें जिसमें सही मात्रा में पोषक तत्व, प्रोटीन, विटामिन और खनिज हों जो शरीर के समुचित कार्य के लिए और आपको शारीरिक और मानसिक रूप से स्वस्थ बनाने के लिए आवश्यक हों।

46. आठ घंटे की नींद अनिवार्य

छात्रों और किशोरों को अनिवार्य रूप से आठ घंटे सोना चाहिए। उचित नींद की कमी आपके मानसिक और शारीरिक स्वास्थ्य पर नकारात्मक प्रभाव डाल सकती है। शास्त्रों में कहा जाता है सुबह 5.30 बजे तक उठना दिमाग के बुद्धि-शक्ति को बढ़ाने में मदद करता है| दिन में सोना अच्छा नहीं माना जाता क्योंकि ऐसे करने से आलस्य की स्तिथि पैदा होती है|

47.   बड़ों का सम्मान करें

बड़ों का सम्मान करना और उनकी देखभाल करना एक अच्छा रवैया और संस्कृति माना जाता है जिसका हमारे देश ने हमेशा पालन किया है। हमारे बड़ों के पास हमसे ज्यादा अनुभव और ज्ञान है। इसलिए हमें उनकी सलाहों को महत्व देना चाहिए, उनकी देखभाल करनी चाहिए और उनका पालन करना चाहिए।

48.   पाठ्येतर गतिविधियाँ

हम सभी कई प्रतिभाओं के साथ पैदा हुए हैं। आपके कौशल को विकसित करने और समाज के लिए रचनात्मक कार्य करने के लिए हमें हमेशा कुछ न कुछ नवीन कार्य करते रहना चाहिए।

49.   अपने आस-पास साफ-सफाई रखें

हमेशा सुनिश्चित करें कि हमारा परिवेश साफ सुथरा हो। यह हमारे तन और मन को स्वस्थ और सकारात्मक बनाएगा। सफाई रखना एवं रहना भी एक भक्ति जैसा ही है। इसलिए स्वच्छ रहें और स्वस्थ रहें।

50.   तनाव से निपटना

तनाव तब होता है जब आप इस बात को लेकर तनाव में होते हैं कि आप चीजों को कैसे मैनेज कर सकते हैं। जब भी तनाव महसूस करें घबराएं नहीं शांत रहिये और शांत अवस्था में आप स्थिति को संभालने में सक्षम होंगे। निरंतर तनाव में जीने से शरीर में बहुत सारे बीमारियों से ग्रसित होने की भी सम्भावना है।

51. किताबें पढ़ने का महत्व

अच्छी किताबें पढ़ने से आपकी बुद्धि में सुधार होगा। यह आपके भाषा कौशल, रचनात्मकता और सोचने के तरीके को बेहतर बनाने में मदद करेगा। पढ़ने की आदत आपको अलग सोचने और कार्य करने की अपनी प्रतिभा को सुधारने में मदद करेगी। इसलिए किताबें पढ़ने की आदत डालिए।

52. खुली जगहों पर न थूकें

खुले स्थानों पर थूकना मुख्य कारण है जिससे वायु जनित रोग एक व्यक्ति से दूसरे व्यक्ति में तेजी से फैलते हैं। छींकते या खांसते समय हमेशा अपनी नाक और मुंह ढकें। आपकी सुरक्षा का सरल कार्य वायु जनित दूषित रोगों के संचरण को रोक सकता है।

53. हमेशा मास्क का इस्तेमाल करें

हम सब जानते हैं कि कोरोना जैसी महामारी पूरी दुनिया के जनजीवन पर कितना असर डाला है और कितनों को नुक्सान पहुंचाया है| इस तरह के महामारी से बचने का एक ही विकल्प है रेगुलर मास्क पहनना|

54. एक दूसरे के बीच निश्चत दूरी बनाये रखना

कोरोना जैसे महामारी या कोई अन्य फैलने वाली बीमारियों से बचने की उत्तम तरीका है कि हम एक दूसरे से निश्चित दूरी बनाये रखें। एक दूसरे के बीच अगर कमसे कम एक मीटर की दूरी हो तो कोई भी बीमारी का कम फैलने की सम्भावना है| आयुर्वेदिक डॉक्टरों के सलाह से नियमित रूप से काढ़ा आदि का सेवन करने से भी कोरोना जैसे बीमारी से बचा जा सकता है|

55. नियमित व्यायाम

बीस से तीस मिनट तक नियमित रूप से व्यायाम करना हमारे शरीर के लिए बहुत जरूरी है। यह आपके जीवन की गुणवत्ता में सुधार करता है और साथ ही कई बीमारियों के जोखिम को कम करता है। इसलिए रोजाना कम से कम बीस से तीस मिनट के लिए नियमित रूप से व्यायाम करने का समय निकालें।

56. शराब, धूम्रपान और ड्रग्स

शराब, धूम्रपान और ड्रग्स ये तीन बुराइयाँ हैं जो आपके जीवन को पूरी तरह से नष्ट कर देती हैं। इन चीजों के सेवन से कोई फायदा नहीं होता है। वे कई शारीरिक और मनोवैज्ञानिक बीमारियों का कारण बन सकते हैं और आपके कीमती जीवन काल को कम कर सकते हैं। इन तीन चीजों को अपने जीवन से दूर करो। आपका जीवन अनमोल है, इसका सही उपयोग करें।

57. क्रोध उन्मूलन

हम सभी गुस्से के शिकार हो जाते हैं। क्रोध के प्रभाव के बाद कई प्रकार के अस्वस्थ्य हो सकते हैं। सकारात्मक रहना और प्रत्येक व्यक्ति और घटना को अपने जीवन में सकारात्मक भाव से लेना क्रोध की घटना को समाप्त कर सकता है।

58. आत्महत्या एक विकल्प नहीं है

कभी भी आत्महत्या करने की कोशिश न करें और न ही कभी सोचें। जीवन अनमोल है। आत्महत्या आपकी समस्याओं का समाधान नहीं है। अपने जीवन में आने वाली बाधाओं से लड़ना और दूर करना सीखें। जीवन में हर समस्या का समाधान होता है, हमारी सफलता उसे खोजने

में है और मुश्किलों से लड़ने में हैं ।

59. अवसाद

उदास होना एक गंभीर मानसिक विकार है जो किसी व्यक्ति के शारीरिक और मनोवैज्ञानिक स्वास्थ्य को हानिकारक रूप से प्रभावित करता है। पढ़ने लिखने जैसे कार्यों में अपने को व्यस्त रखें, योग और ध्यान करें और इससे उबरने के लिए एक स्वस्थ आहार बनाए रखें।

60. सोशल मीडिया का दुरूपयोग

जब से हम इन्टरनेट एवं सोशल मीडिया की दुनिया में कदम रखे हैं जीवन जीने का तरीका ही बदल गया है| सोशल मीडिया में घण्टों बिताने के आदी हो गये हैं हम| क्या हम सोशल मीडिया का सदुपयोग कर पा रहे हैं? नहीं | ज्यादातर लोग बेमतलब की चीज़ों को देखकर या किसी से चैट आदि करके अपने जीवन का बहुमूल्य समय का दुरुपयोग कर रहे होते हैं | जानने, सीखने, पढ़ने या जीवन में आगे बढ़ने के लिए बहुत सी उपयोगी चीज़ें सोशल मीडिया पर उपलब्ध है मगर जाने-अनजाने में हमें किसी चीज़ की लत लग जाती है और पता नहीं चलता कितना समय, कितना दिन ऐसे ही निकल गए| इसलिए जब भी सोशल मीडिया में रहे तो ध्यान रहे की हम अपने जीवन का बहुमूल्य समय का दुरुपयोग तो नहीं कर रहे हैं |

61. रक्तदान

किसी की जान बचाने के लिए आपको सुपर हीरो या डॉक्टर बनने की जरूरत नहीं है। रक्तदान करें और जीवन बचाएं। रक्तदान आपके स्वास्थ्य के लिए भी अच्छा है। आप अपने स्वास्थ्य में सुधार कर सकते हैं और आपको सकारात्मक अहसास भी होगा कि आपने किसी की जान बचाई है। इसलिए रक्तदान करें और जीवन बदलने वाले बनें।

62. नस्लीय भेदभाव से बचें

सभी के साथ समान आदर का व्यवहार करें। आइए हम सभी के बीच सद्भाव और शांति बनाए रखें। आइए नस्लीय भेदभाव को रोकें और मानवता की भलाई के लिए काम करें।

63. प्लास्टिक रीसाइक्लिंग

पर्यावरण प्रदूषण के क्षेत्र में प्लास्टिक का योगदान साठ प्रतिशत से अधिक है। प्लास्टिक से बचें, उनका पुनर्चक्रण करें और हमारे धरती को बचाएं।

64. अक्षय या प्राकृतिक ऊर्जा

अक्षय ऊर्जा या गैर-पारंपरिक ऊर्जा में धूप, हवा, बारिश, लहरें, ज्वार, भू-तापीय ऊर्जा आदि शामिल हैं। वे प्रदूषण भी नहीं करते हैं। सौर ऊर्जा जैसे प्राकृतिक स्रोतों का उपयोग करें एवं हमारे धरती को बचायें।

65. जल बचाओ

जल जीवन है और अनमोल है इसके बिना पृथ्वी पर कुछ भी जीवित नहीं रहेगा। इसकी एक-एक बूंद मायने रखती है। हमारे और आने वाली पीढ़ियों के लिए जल बचाएं जीवन बचाएं|

66. कागज बचाओ पेड़ बचाओ

कागज बनाने के लिए अरबों पेड़ काटे जाते हैं। हमें कागज का प्रभावी और कुशलता से उपयोग करना चाहिए। पेड़ बचाओ, कागज बचाओ और अपने धरती को बचाओ।

67. पैसे खर्च करना

धन का उपयोग आवश्यक उद्देश्यों पर खर्च करने के लिए किया जाना चाहिए। अत्यावश्यकता और आवश्यकता के समय धन के अधिक खर्च से धन की कमी हो जाती है। हमेशा पैसे को महत्व दें और इसे समझदारी से खर्च करें।

68. समाज सेवा के लिए समय बिताएं

मानव की सेवा ही ईश्वर की सेवा है। आइए अपना कुछ समय गरीबों और जरूरतमंदों के जीवन में बदलाव लाने के लिए निस्वार्थ सेवा में दान करें। उनका आशीर्वाद और कृतज्ञता हमारे जीवन पर हमेशा सकारात्मक प्रभाव डालेगी।

69. मूल्य और नैतिकता

हम सभी को अपने जीवन में मूल्यों और नैतिकता का पालन करना चाहिए। यह हमारे जीवन और गतिविधियों को ईमानदार, सच्चा और शांतिपूर्ण बना देगा। मूल्य और नैतिकता ही मनुष्य को आदर्श बनाती है।

70. हाथ धोना

रोगाणु आंख, नाक और मुंह के माध्यम से शरीर में प्रवेश कर सकते हैं और हमें बीमार कर सकते हैं। हाथों को हमेशा साफ रखना ही बीमारियों से बचने का सबसे अच्छा उपाय है। खाना खाने से पहले बाथरूम आदि से आने के बाद हमेशा अपने हाथ साबुन और पानी से धोएं।

71. व्यक्तिगत स्वच्छता

व्यक्तिगत स्वच्छता मतलब अपने शरीर को स्वच्छ रखना है| व्यक्तिगत स्वच्छता का पालन करने से आपको मनोवैज्ञानिक और शारीरिक लाभ मिलते हैं। इसमें रोगों की रोकथाम शामिल है, आत्म-अनुशासन को बढ़ाता है और आपके व्यक्तित्व एवं आत्मविश्वास में सुधार करता है।

72. स्वस्थ मित्रता

हमेशा स्वस्थ मित्रता विकसित करने और बनाए रखने का प्रयास करें। कभी भी किसी को आपका शारीरिक या मानसिक रूप से शोषण करने की अनुमति न दें। उन व्यक्तियों से पूरी तरह से बचें जो आपके विकास और भलाई के लिए खतरा पैदा करते हैं।

73. गरीबी उन्मूलन

गरीबी अत्यंत आर्थिक तंगी की स्थिति है। यह एक गंभीर सामाजिक आर्थिक समस्या है जिसका सामना आज विश्व कर रहा है। इसे खत्म किया जा सकता है अगर हम कम से कम एक व्यक्ति के जीवन में बदलाव लाने की कोशिश करें| हमारा सहयोग उनके जीवन में बहुत बड़ा बदलाव ला सकता है। आओ मिलकर गरीबी के खिलाफ लड़ाई लड़ें।

74. प्रार्थना और ध्यान

दुनिया बहुत तेजी से आगे बढ़ रही है और हम भी अपनी कई जरूरतों और इच्छाओं को पूरा करने के लिए इधर-उधर भाग रहे हैं। इस तरह की बेचैन हरकतें हमें शारीरिक और मानसिक रूप से अस्वस्थ बना देंगी। तो कृपया हर दिन कुछ समय निकालें और कहीं शांत बैठें और कुछ प्रार्थनाएं और ध्यान करें ताकि आपका कायाकल्प हो जाए और आप हमेशा शारीरिक और मानसिक रूप से स्वस्थ रहें।

75. अपने समय को महत्व दें

समय ही सब कुछ है। आठ घंटे की नींद के बाद और हमारे अन्य दैनिक गतिविधियों के आठ से दस घंटे के बाद, हमारे पास अभी भी एक दिन में पर्याप्त समय बचा है और हम में से अधिकांश इसे बेकार की चीजों पर खर्च करके बर्बाद कर रहे हैं। हर दिन बुद्धिमानी से समय का उपयोग नई चीजों को सीखने और अभ्यास करने में करें जो आपको एक अच्छे और बुद्धिमान इंसान के रूप में विकसित करेंगे।

***

सुरक्षा आपकी, संकल्प हमारा

उत्तर प्रदेश पुलिस

❧

TOLL FREE HELPLINE NUMBERS

❧

CM Helpline : 1076
Emergency Services : 112
Women Power Helpline: 1090
Child Helpline : 1098
Cyber Crime Helpline : 155260
GRP Helpline : 1512
Fire Emergency : 101
Ambulance : 108

❧

9 798885 461580